COLLECTION FOLIO

Sempé

Des hauts et des bas

Denoël

Certains dessins de l'édition en grand format des
Hauts et des bas de Sempé ne figurent pas dans cette présente
édition à cause de l'impossibilité de les réduire.

© *Éditions Denoël et Sempé, 1970.*

1

2

3

4

5

6

7

8

9

10

11

12

13

14 *15*

16

— « Vous allez voir, c'est quelqu'un d'exceptionnel. »

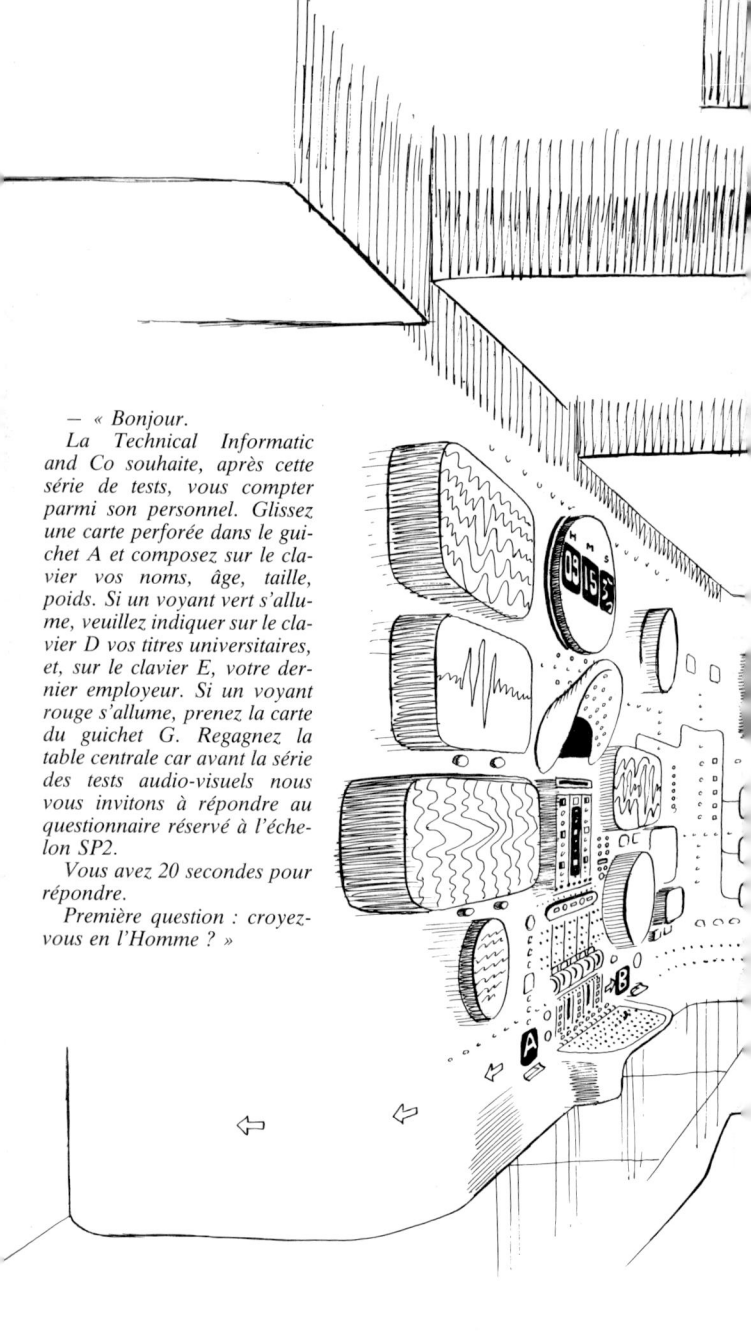

— « Bonjour.
La Technical Informatic and Co souhaite, après cette série de tests, vous compter parmi son personnel. Glissez une carte perforée dans le guichet A et composez sur le clavier vos noms, âge, taille, poids. Si un voyant vert s'allume, veuillez indiquer sur le clavier D vos titres universitaires, et, sur le clavier E, votre dernier employeur. Si un voyant rouge s'allume, prenez la carte du guichet G. Regagnez la table centrale car avant la série des tests audio-visuels nous vous invitons à répondre au questionnaire réservé à l'échelon SP2.

Vous avez 20 secondes pour répondre.

Première question : croyez-vous en l'Homme ? »

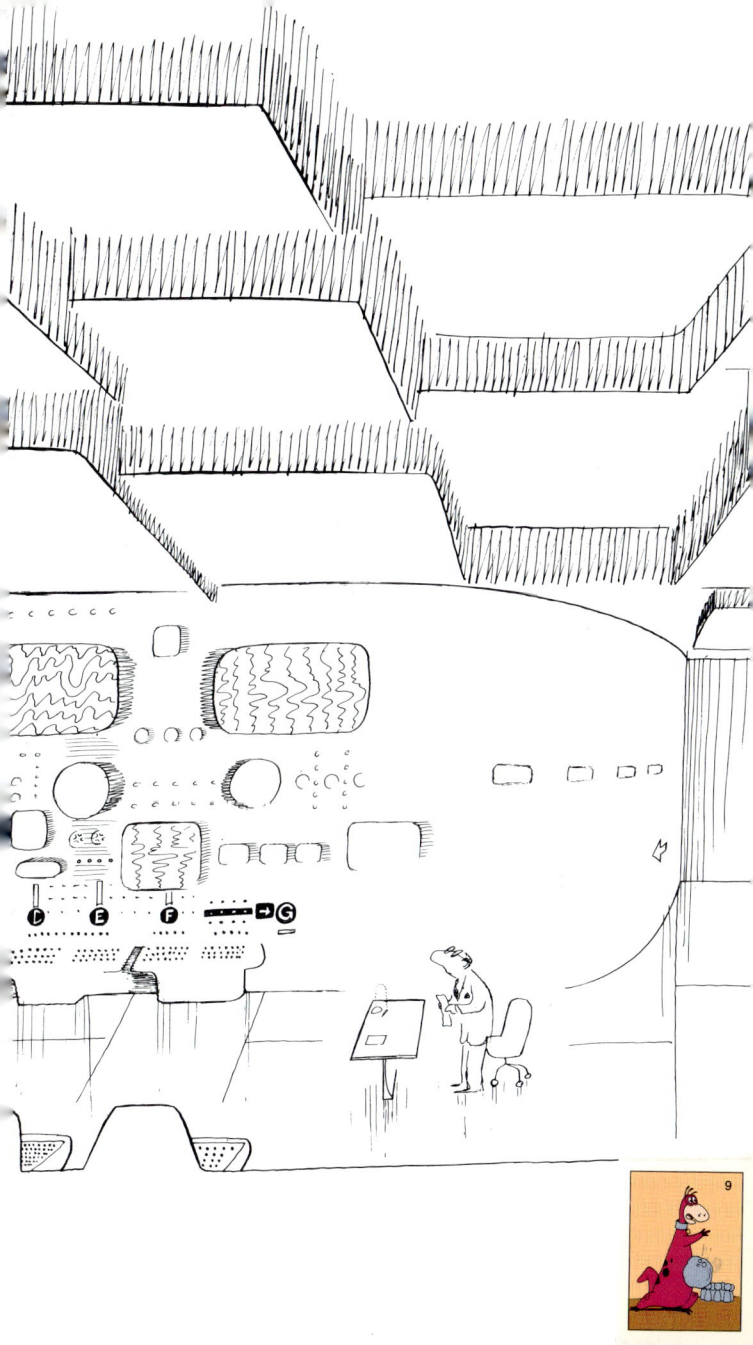

1

6

11

12

13

2

3

4

5

6

7

8

9

10

— « Quand je pense que ça va disparaître, ça, un jour !...

1

2

3

4

5

6

7

8

10

11

12

13

14

15

16

17

18

19

— « Un lion blessé est toujours cruel !... »

1

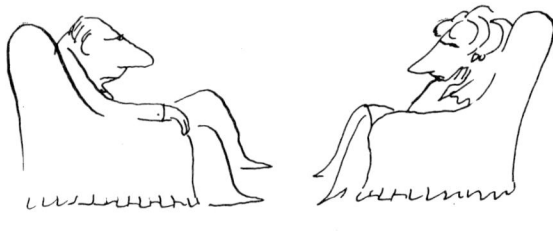

2

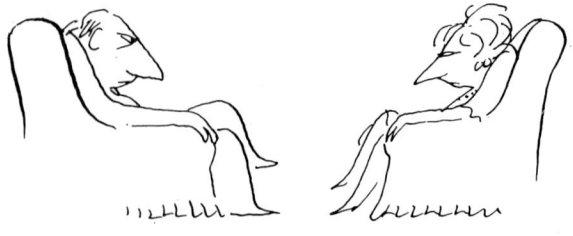

3

4

5

6

7

8

9

10

11

12

13

14

15

16

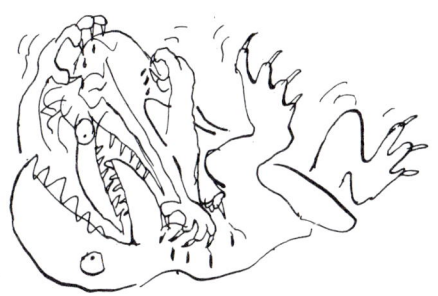

17

18

19

20

21

22

23

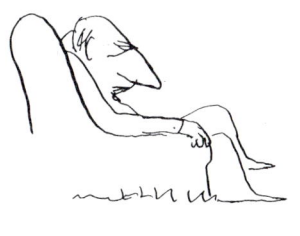

24

1

2

3

4

5

6

1

2

3

4

6

7

— « Eh bien, je trouve que nous avons encore beaucoup
parlé d'amour ce soir… »

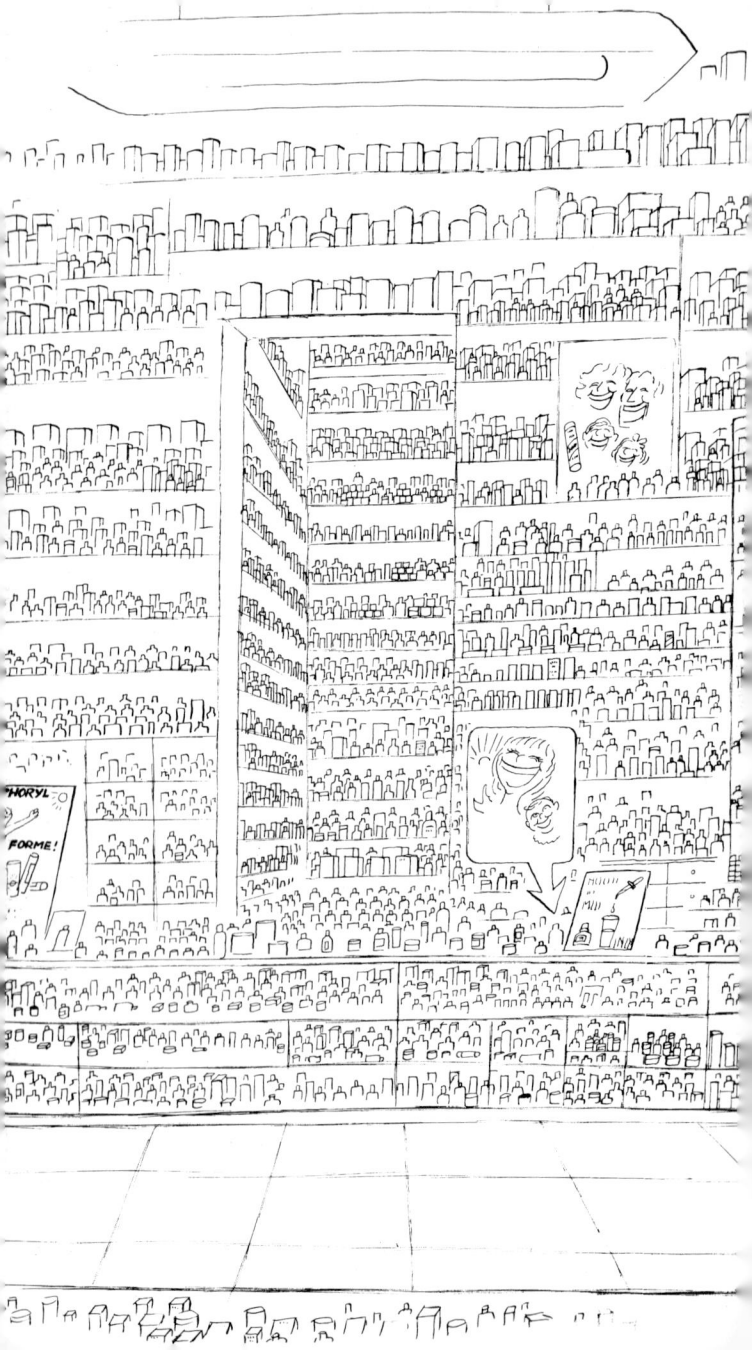

— « Pourtant Marthe, nous avons tout pour être heureux… »

1

2

3

4

5

6

7

8

9

10

13

14

15

sempé

— « J'ai programmé tellement de phantasmes à votre sujet, Marie-Josiane, et vous me proposez une fourchette de probabilités tellement réduite, que vous avez devant vous un être profondément déconnecté... »

— « On vous racontera : cet hiver, notre amour a connu des soubresauts tumultueux mais a pris maintenant une nouvelle dimension. »

— « Merci d'être venus si nombreux ! Vous le savez, nous avons eu beaucoup de difficultés. Mais, grâce à l'intervention de M. Gatineau-Vannier, conseiller municipal, auprès des autorités, et à son étroite collaboration, le Folk-Festival, finalement, a lieu ! Nous commençons tout de suite avec le groupe des Païtoulités d'Aurillac. »

— « Bon. Maintenant il faut que je m'en aille ; je suis en double file... »

— « *Pour la veste : rétrécir l'épaule droite et remonter la gauche, reprendre la taille, remonter la poche droite. Pour le pantalon : donner un peu plus d'entre-jambes, effacer les faux-plis de la jambe droite, et rallonger les deux jambes qui doivent casser légèrement sur les chaussures.* »

— « Et maintenant, pourrions-nous voir vos encéphalogrammes ? »

1

3

6

8

9

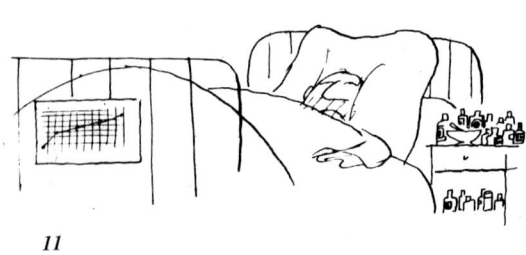

11

— « Attention ! »

6

7

8

9

10

16

17

18

19

20

Sempé

DU MÊME AUTEUR

Aux Éditions Denoël

RIEN N'EST SIMPLE, *1962*
TOUT SE COMPLIQUE, *1963*
SAUVE QUI PEUT, *1964*
MONSIEUR LAMBERT, *1965*
LA GRANDE PANIQUE, *1966*
SAINT-TROPEZ, *1968*
INFORMATION-CONSOMMATION, *1968*
MARCELLIN CAILLOU, *1969*
DES HAUTS ET DES BAS, *1970*
FACE À FACE, *1972*
BONJOUR, BONSOIR, *1974*
L'ASCENSION SOCIALE DE MONSIEUR LAMBERT, *1975*
SIMPLE QUESTION D'ÉQUILIBRE, *1977*
UN LÉGER DÉCALAGE, *1977*
LES MUSICIENS, *1979*
COMME PAR HASARD, *1981*
DE BON MATIN, *1983*
VAGUEMENT COMPÉTITIF, *1985*
LUXE, CALME ET VOLUPTÉ, *1987*

*Impression Tardy Quercy S.A. à Bourges (Cher)
le 14 avril 1988.
Dépôt légal : avril 1988.
Numéro d'imprimeur : 14407.*

ISBN 2-07-038057-2 - Imprimé en France
Précédemment publié par les Éditions Denoël
ISBN 2-207-21135-5

43417